DÉFENSE

DE MONSIEUR

LE LIEUTENANT-GÉNÉRAL

MAX. LAMARQUE,

Compris dans l'Ordonnance du
24 Juillet 1815.

PARIS,

DÉCEMBRE 1815.

A SON EXCELLENCE

LE MINISTRE DE LA GUERRE.

Tours, le 30 Juillet 1815.

MONSEIGNEUR,

C'est avec le plus grand étonnement que je vois mon nom sur une liste d'hommes qu'on suppose pouvoir être entré dans une conspiration quelconque, contre un Gouvernement établi; je croyais que ma conduite, mes principes, une vie militaire de vingt trois ans, sans tache et sans reproche, me mettaient à l'abri de pareils soupçons.

Si l'on m'a compris *dans une mesure générale*, comme ayant été employé par l'ex-Empereur, dès le moment de son arrivée, et avant le 23 mars, c'est une erreur que le simple exposé des faits va détruire.

Les 18, 19 et 20 mars, je n'étais occupé que de mon ami, le Général Dessoles, pour qui j'avais de vives inquiétudes, et j'étais presque constamment chez lui. Je m'y trouvai le 20, au moment où il laissa le commandement de la Garde Nationale à M. de Montesquiou, que je ne connaissais que de réputation. C'est à cette rencontre fortuite que je dois sans doute la position où l'on voudrait me placer. Le 20, au lieu d'aller, comme tant d'autres, au devant de l'ex-Empereur à Fontainebleau, ou sur la route, j'étais tranquillement à me promener, avec des dames, sur le boulevard de Tortoni, lorsque le Général Capitaine, qui me dit être venu plusieurs fois chez moi, m'engagea à passer à l'hotel des Gardes Nationales et j'y trouvai M. de Montesquiou et le Général Tourton, qui me dirent *que la sureté de Paris était menacée, que les troupes arrivaient de tous cotés, qu'on ne savait où les placer, que tout l'état-major était parti, etc., etc.* Ils m'engagèrent en même temps à prendre momentanément le commandement de Paris, m'assurant que mon nom *contiendrait les troupes* et *rassurerait les habitans*; j'élevai quelques difficultés qu'ils applanirent et ils me donnèrent *une invitation pour commander Paris, y maintenir la tranquillité publique, la discipline dans les troupes, etc., etc.*

Avec cette nomination de M. de Montesquiou, à qui j'avois vu le matin le Général Dessoles, laisser le commandement, je fus m'enfermer à l'état-major, et, pendant deux jours et deux nuits, je travaillai à placer les troupes, à former des dépôts des militaires isolés, envoyer des patrouilles, et, le 23 au soir, lorsque pour la première fois, depuis son retour, *je vis à la parade, l'Empereur, qui me demanda mon nom, j'étais déja remplacé.*

Mes lettres de service pour l'armée du Nord, sont du 30 mars, ainsi, sous aucun rapport, je ne puis être compris dans la liste où l'on m'a placé. Si j'avais besoin d'apologie depuis cette époque, j'invoquerais le témoignage même des Vendéens, dont des milliers me doivent la vie; j'interrogerais les chefs qui n'ont cessé de proclamer la loyauté de ma conduite et les égards que j'ai eus pour eux. J'ajouterai que malgré les ordres les plus précis et les plus multipliés, je n'ai voulu adopter aucune mesure de rigueur; *qu'en désobéissant à des dispositions formelles, je n'ai pas fait juger, ni fusiller un seul homme*; qu'enfin le seul sang qui a coulé hors des combats, est celui de quelques-uns de mes soldats, qu'il fallait maintenir dans l'ordre.

Depuis le retour du ROI, j'ai sauvé de grands malheurs la ville de Nantes; j'ai calmé l'exaspération de mes troupes. Des complots se sont formés contre moi, ma vie a été dix fois menacée par mes propres soldats : j'ai tout bravé pour éclairer les esprits, pour les ramener à l'obéissance du ROI; j'ai donné l'exemple de la soumission et voila ma récompense!...

MONSEIGNEUR, malgré des démarches réitérées,

je n'ai jamais été employé pour le ROI, je lui aurais été fidèle, *parce que je n'ai jamais manqué à mon devoir*, et *c'est moi*, au milieu de tant d'autres qui ne peuvent pas dire *comme moi*, qu'on vient désigner aux soupçons; c'est une double injustice; je suis sûr que le descendant d'HENRI IV ordonnera qu'elle soit réparée avec éclat,

Cependant je suis encore à la tête d'une armée où l'on aurait dû au moins me remplacer, avant de chercher à me flétrir; on a pu m'y laisser sans danger pour la Patrie, car je préférerai mille morts, à jamais donner le signal d'une dissention civile.

J'espère, MONSEIGNEUR, que V. Ex., qui est notre protecteur naturel, ne me laissera pas une minute, sous le poids d'un odieux soupçon; elle connaît ma carrière militaire, elle sait que j'ai longtemps et péniblement gagné chaque grade, que j'ai été plutôt persécuté que favorisé, que j'étais *sans titres*, sans *dotations*, employé dans des guerres sans gloire, tandis que d'autres choisissaient leurs postes, et jouissaient de toutes les faveurs.

J'ai l'honneur, etc.

Signé, le Lieutenant-Général,

MAX. LAMARQUE.

MÉMOIRE

ADRESSÉ

A SA MAJESTÉ.

AU ROI.

SIRE,

Toujours étranger aux dissentions civiles, après vingt-trois ans d'une existence militaire honorable, et quelquefois glorieuse, je vois mon nom sur une liste d'hommes qui ont encouru la disgrace de VOTRE MAJESTÉ, et qu'elle éloigne de sa Capitale.

Si j'avais parcouru ma carrière au milieu des intrigues, et en m'appuyant sur les partis qui ont tour-à-tour dominé ma malheureuse Patrie, je devrais m'attendre à en être la victime; mais j'ai toujours habité les camps. Souvent persécuté, jamais favorisé, c'est par des travaux longs et pénibles que j'ai conquis mes grades; convaincu qu'il ne fut jamais dans les droits d'un soldat, de délibérer sur les sources du pouvoir, j'ai suivi mes étendards, j'ai couru le monde, j'ai bravé la mort et j'ai cru remplir ma tâche.

Sous le Gouvernement de VOTRE MAJESTÉ, *je fus éloigné de tout emploi.* Si le Ministre m'eût confié un poste, il aurait été fidèlement gardé, *car je n'ai jamais manqué à aucun de mes devoirs.*

SIRE, si on m'a représenté comme un de ces hommes qu'a créés la faveur d'un autre homme, on a trompé VOTRE MAJESTÉ, je n'ai jamais appartenu qu'à l'Etat.

Lorsque VOTRE MAJESTÉ se fut éloignée de son Royaume, on me donna le commandement d'une division de l'armée du Nord, et c'est sur l'extrême frontière, que je reçus l'ordre de me rendre dans la *Vendée*; dans la *Vendée*, que tant de souvenirs rendaient redoutable. Le péril paraissait grand, je ne le crus pas au-dessus de mon courage. Jusqu'alors j'avais eu le bonheur de ne prendre aucune part aux guerres civiles; je savais que le danger des combats, est le moins grand que l'on y court, que les haines dont on devient l'objet, empoisonnent le reste de la vie; mais j'étais militaire, je devais obéir. Je me flattai que ma modération désarmerait ceux que j'étais appelé à combattre, ou que le sang que j'épargnerais expierait celui que je serais condamné à répandre. C'est avec moins de six mille hommes, qu'on décora du nom d'armée, que je dus contenir et réduire une immense population. Quand la modération n'eût pas été dans mon cœur, elle aurait été dans ma politique. Je dus faire des menaces générales, pour ne faire aucune victime particulière. Revêtu de grands pouvoirs, je n'en fis aucun usage, et je ne les rappelais à l'autorité que pour demander à en être déchargé.

Ma première démarche fut de chercher à éviter l'effusion du sang Français; avant de passer la *Loire*, j'écrivis le 9 juin aux Généraux Vendéens: *Je ne rougis pas de vous demander la paix, car dans les guerres civiles, la seule gloire est de les terminer.* Après la seule bataille que j'ai livrée, j'écrivis au Ministre de la guerre : *L'aspect d'un champ de bataille où l'on ne voit que des Français, déchire l'âme : Je poursuivrai les Vendéens plus par mes propositions que par mes colonnes.*

Ces propositions furent acceptées : une guerre

qui ne pouvait avoir aucune influence sur les destinées de la France, qui se fixaient sur un plus grand théâtre, fut terminée quatorze jours après le passage de la *Loire*, et le cœur de VOTRE MAJESTÉ dût s'en réjouir.

SIRE, quelques hommes, dont la paix trompe toujours les espérances, et qui voudraient exagérer l'importance de cette guerre, peuvent me calomnier; mais la population entière de la *Vendée* leur répondra : « Il fit la guerre avec » humanité; son armée ne laissa après elle au- » cune trace de dévastation; nos propriétés » furent respectées, nos habitations conservées, » nos temples révérés; il renvoya les prisonniers, » il soigna les blessés, il nous épargna dans les » combats, il nous rendit à nos travaux cham- » pêtres. »

Dans les grandes commotions politiques, il est deux espèces d'hommes très-distinctes; les uns braves, ardens, fiers, généreux, se précipitent dans le danger; les autres lâches, irrésolus, attendent qu'il soit passé pour en recueillir le fruit. J'ose appeler en témoignage les premiers; ils me donneront leurs suffrages, comme ils ont mérité les miens. Les autres, qui sont jugés même dans leur parti, peuvent me calomnier, la justice d'un bon ROI n'est pas long-temps trompée.

SIRE, la guerre de la *Vendée* est un titre de gloire pour moi; non-seulement je l'ai faite avec humanité, et comme si j'avais lu dans l'avenir qu'un jour j'en rendrais compte à VOTRE MAJESTÉ mais j'ai eu le courage de résister à l'autorité, quand elle a blessé mes principes et ma conscience.

J'avais l'ordre de *faire sauter et disparaître les maisons des chefs Vendéens ;* j'ai désobéi, et je n'ai fait marcher des détachemens que pour les protéger.

Je devais *mettre à prix les têtes de MM. La Roche-Jaquelin, de Sapinaud, etc.*, j'ai désobéi.

Je devais *briser les cloches, enlever des ôtages*, je m'y suis refusé.

Je devais, par des mesures arbitraires, *faire supporter les frais de la guerre par les nobles ;* je ne l'ai pas fait, toutes les propriétés ont également été protégées.

Je devais *faire juger et fusiller sur-le-champ les chefs qui tomberaient dans nos mains*, je les ai sauvés ; MM. de Civrac, Dubouchet, etc., ont vu briser leurs fers. Le seul sang qui a coulé hors des combats est celui de mes propres soldats qu'une discipline sévère devait contenir.

SIRE, j'ai poussé la modération jusqu'au-delà des bornes : après la bataille de la Roche-Cervière, trois heures après que le feu fut éteint, un Vendéen, M. Lelasseux, tira à deux pas sur mon aide-de-camp et sur moi un coup de carabine rayée et à double détente. D'après les lois de la guerre, je pouvais le considérer comme un assassin : eh ! bien, je l'arrachai à mes soldats qui voulaient l'immoler, il vit encore, il est libre.

SIRE, j'ai besoin de votre justice, je dois l'éclairer. Le present et l'avenir pour moi sont dans ma vie passée ; je puis l'offrir comme ma dèfense et comme ma garantie. Né d'une famille honorable, j'y puisai quelques vertus : je combattois prés de Moreau à Engen, à Moëskirck, à Biberach, à Hostaet, à Hohenlinden ; je ne citerai pas Austerlitz, Wagram, le siége périlleux de Gaeta, l'île de Caprée enlevée à un ennemi brave et dès longtemps préparé : c'est de faits d'armes moins éclatans et qui ont plus de rapport avec ma position actuelle, que je dois parler. Je combattis quatre ans dans le Royaume de Naples et je pourrais aller, avec sécurité, des bords du Tronto au Cap Spartivento : dans cette guerre d'Espagne où tant de réputations se sont éclipsées, j'ai entendu, après quarante combats, *les braves Catalans me recommander à leur Roi.* Qu'on parcoure après moi les plaines de l'Allemagne, les rochers des Pyrennées les champs de l'ancienne Lucanie, les côtes de la grande Grèce, ceux que je combattis, ceux de qui je reçus l'hospitalité répéteront mon nom avec honneur et quelquefois avec reconnaissance.

SIRE, atteint pour la première fois par le souffle de la calomnie, regrettant de ne pas être mort dans les combats, je vais, loin de la Capitale où m'attachent mille liens, vivre dans l'exil. Je ne cesserai d'y former des vœux pour VOTRE MAJESTÉ dont les vertus, le génie et la bonté sont si nécessaires à la France. Heureux ceux qui la défendent, car ils défendent en même-temps la Patrie et la Liberté !

De VOTRE MAJESTÉ,

SIRE,

Le très-humble, très-obéissant
et très-fidèle sujet,

Le Lieutenant-général
MAX. LAMARQUE.

3 août 1815.

SUPPLÉMENT.

Je dois ajouter quelques développemens à la Lettre au Ministre de la Guerre, et au Mémoire à Sa Majesté, qui, écrits à la hâte, et dans le moment où je lus mon nom sur la liste du 24 Juillet, ne sont en quelque sorte que des sommaires.

J'ai dit que, *jamais je ne fus employé sous le gouvernement du Roi.* Cet oubli ne m'empêcha pas de chercher à me rendre utile ; je présentai, au mois de Décembre 1814, un projet d'organisation pour l'armée, où, sans augmenter les dépenses, j'employais presque tous les officiers à demi-solde ; j'y proposai, comme un moyen de rattacher le soldat à sa Patrie, la formation des Légions départementales, qu'on a adopté depuis; mais j'évitais, ce me semble, quelques inconvéniens graves qui accompagnent la formation actuelle.

Frappé du mécontentement de l'armée, surtout de l'esprit des soldats qu'on renvoyait, ou pour mieux dire, qu'on laissait aller sans prendre aucune mesure, je disais dans ce mémoire:

« Comment n'a-t-on pas senti le danger de jetter » comme des trainées de poudre, au milieu de » la France encore agitée, ces milliers de soldats » qui, ne tenant à rien, ne vivent que dans le » passé, et ne rêvent que gloire ? Comment » n'a-t-on pas craint l'influence que doivent leur » donner une audace éprouvée, des voyages » lointains et des travaux presque fabuleux ? Ne » sont-ils pas les orateurs éternels du hameau et » les oracles de tout ce qui les entoure ? Une » saine politique prescrivait, ce me semble, de » les retenir quelque temps au service du Roi, » de changer, par un régime paternel, leurs » sentimens et leurs idées, et de leur donner » enfin le *baptême des nouveaux drapeaux*.

» On pourrait alors, sans aucun danger, les » rendre à leurs foyers avec des permissions mo- » mentanées, bienfaits de la bonté de Louis XVIII, » au lieu qu'ils sont rentrés en fugitifs qui mé- » connaissent l'autorité. Le mal est fait, mais il » n'est pas irréparable, etc., etc. »

Est-ce là le langage d'un factieux, conspire-t-il contre l'autorité établie, celui qui signale les dangers qui la menacent, et qui indique le moyen de les éviter?....

. Les idées renfermées dans ce mémoire parurent faire impression sur le ministre et sur le comité de la guerre; le comte de Bruges, vice-président, et premier aide-de-camp de S. A. R.

le comte d'Artois, m'écrivit le 27 décembre :

» Monsieur le général,

» J'ai l'honneur de vous accuser la réception » du mémoire que vous avez adressé sur le pro- » jet d'organisation pour l'infanterie. Le ministre « de la guerre me charge de vous témoigner » qu'il l'a lu avec intérêt, et qu'il se fera un » plaisir d'entretenir S. M. des bonnes vues qu'il » renferme.

» Le comité de la guerre en a aussi entendu » la lecture avec une vive satisfaction, et je » m'estime heureux d'être l'interprète de ses » sentimens dans cette circonstance, et de vous » adresser ses remerciemens.

» J'ai l'honneur d'être avec une haute consi- » dération ».

Le lieutenant-général vice-président du comité de la guerre.

Le comte DE BRUGES.

D'autres travaux remplissaient mes momens de loisir : je voulais donner comme un modèle, *la campagne de trente jours* que fit sur l'*Inn*, la *Solza* et le *Traim*, le Général *Moreau*, près de qui j'étais alors employé comme adjudant-général ; j'opposai cette belle campagne, où tout était calculé, prévu, deviné, à ces marches désordonnées qu'ont faites depuis ces armées gigantesques, qui se détruisent en portant partout la destruction ; ces armées qu'on ne peut ni nourrir ni manœuvrer, et qui réduisent l'art de la guerre à *une immense tuerie*. Je fournis à la même époque, des mémoires sur l'organisation des états-majors. J'envoyais le 26 février, à Vienne, un projet qu'on m'avait demandé, et je m'occupais à lui donner plus d'étendue, et à l'accompagner de quelques plans topographiques, lorsqu'on annonça le débarquement de l'ex-empereur et ses premiers succès. *Négligé jusqu'alors*, j'aurais pu attendre qu'on me donnât des ordres, mais j'offris sur-le-champ de servir le Roi, *je le demandai*, n'obtenant pas de réponse du Ministre de la Guerre, je fis de nouvelles réclamations ; encore le 18 mars, je m'adressai à S. A. R. le Duc de Berry (N. *A*), mais tout fut consommé sans qu'on m'associât à aucun moyen de défense.

(N. *A*) Paris, le 18 mars 1815.

Mon général,

J'ai l'honneur de vous annoncer que l'état sur lequel vous vous êtes fait inscrire chez S. A. R. Monseigneur le Duc de Berry, a été envoyé à S. E. le ministre de la guerre.

Recevez l'assurance de mon respect,

DE MONJARDET.

Quels reproches peut-on donc m'adresser ? Qui ai-je trahi ? Quels complots ai-je formé ? Pourquoi m'avoir désigné comme un conspirateur ?....

A-t-on prétendu que je voyais des personnes qu'on a signalé depuis comme suspectes ? Madame Hamelin, la Duchesse de Saint Leu, Maret, Savary, Regnaud de Saint-Jean-d'Angély, etc, etc. ? Je ne leur ai jamais parlé ; je ne sais pas dans quels quartiers de Paris, sont situés leurs hôtels ; ma société habituelle etait celle de deux Ministres de S. M., à qui je porte dès longtemps une vive amitié et des sentimens d'une profonde estime.

L'ex-empereur en m'accordant, à son arrivée, des récompenses ou des faveurs, aurait-il autorisé ou fait naître quelques soupçons sur mon compte ? M'a-t-il nommé, comme ceux qui s'étaient joints à lui, Chambellan, Aide-de-camp ; Gouverneur d'un de ses châteaux ? M'a-t-il élevé comme tant d'autres à la dignité de Pair ?.... Non, il m'a ôté sur-le-champ le commandement de Paris *que je ne tenais pas de lui* ; il m'a envoyé sur l'extrême frontière, à la tête d'une faible division de trois mille hommes ; moi qui, avec des succès constans et jamais récompensés, avais commandé pendant trois ans, en Espagne, des corps de douze à quinze mille combattans !

Mon commandement si momentané de Paris, n'avait, comme je l'ai dit, d'autre but que *de maintenir la tranquillité publique*, de *contenir les troupes* et *de les caserner*. (Voyez l'invitation de M. de Montesquiou, N. B) Ce n'est donc pas de cela qu'on peut me faire un crime.

Réduit, pour m'expliquer ma position, à créer des motifs ou des prétextes, je frappe au hasard, je combats dans les ténèbres. A-t-on été surpris de me voir commander une armée ? Aurait-on oublié que mes longs services, trop longtemps méconnus, m'y donnaient quelques droits ?

J'avoue cependant que jusqu'au moment où j'en découvris la cause, cette nomination m'étonna. Occupé à visiter mes avant-postes, à reconnaître les champs fameux de *Famars*, de *Denain*, de *Malplaquet*, et ces bords de la Sambre que tant de héros avaient foulés, je crus, en recevant, le 26 mai, l'ordre de me rendre à Paris, que mes liaisons d'amitié avec quelques familles

---

(N *B*) Monsieur le général Lamarque, je vous invite à prendre le commandement de toutes les troupes de lignes qui sont à Paris, ou qui pourront y arriver, et à ordonner toutes les dispositions que vous jugerez convenables pour *maintenir la tranquillité, pour le casernement* et *pour la discipline des troupes*.

Le lieutenant-général commandant en chef la garde nationale et la première division militaire.

Le comte DE MONTESQUIOU.

respectables, notamment avec celle de *Nédouchelle*, m'avait attiré mon rappel. Je me présentai chez le ministre de la guerre avec cette idée, et ma surprise fut grande, quand il m'annonça le commandement de l'armée de la Loire : il m'ordonna d'aller chez l'Empereur et de partir sur-le-champ pour l'armée.

Je rencontrai à l'Elisée-Bourbon, l'ancien roi de Naples, le prince Joseph, dont javais été chef d'état-major, il m'aborda en me disant : *C'est moi qui vous ai fait nommer, j'ai dit à l'Empereur que par vos talens et votre modération, vous m'aviez conquis trois provinces dans le royaume de Naples* : tout alors me fut expliqué.

Le ministre de la guerre me donna, suivant l'usage, de forts beaux états, et je partis le même jour avec la promesse de six fortes divisions et d'un nombreux train d'artillerie ; mais je ne trouvai, à mon arrivée au quartier-général, que deux régimens incomplets de la jeune garde qui, composés de déserteurs et de recrues, ne savaient ni marcher ni manier un fusil. C'est pourtant à ces deux régimens, auxquels je joignis un bataillon du quarante-septième et quatre cent recrues du huitième léger, que ce sont bornés les secours envoyés sur la *Loire*. Il me fut impossible d'en obtenir davantage, même au moment où les ministres alarmés m'annoncèrent, le 10 juin, qu'une grande expédition se préparait dans les ports de l'Angleterre et *qu'elle menaçait Brest ou Saint-Malô, l'Orient ou la Rochelle.*

J'ai osé le dire dans mon mémoire au Roi, *cette guerre de la Vendée est un titre de gloire pour moi* : non seulement je n'y ai fait aucun mal, mais je me suis mis en état constant d'opposition avec l'Empereur.

Aux ordres que j'ai cités, et qui tous émanaient du chef du Gouvernement, je dois ajouter :

De faire fusiller sur-le-champ tout homme pris les armes à la main. (Lettre de l'Empereur du 20 mai.)

De suspendre et faire arrêter toute autorité dont la conduite me paraîtrait douteuse. (Ordre du 25 mai.)

De déporter en Champagne, en Bourgogne, en Dauphiné ; tout individu qui paraîtrait suspect. (Ordre de l'Empereur.)

De faire habiller et équiper par réquisition, les militaires qui rejoindraient, et de faire retomber tous les frais sur les Nobles. (Ordres des 25 26 et 27 mai.)

De mettre à prix les têtes de la Roche Jaquelin, de Sapinaud et des autres chefs ; de détruire leurs habitations lorsque nos colonnes y arriveraient. (Ordre du 26 mai.)

De faire juger sur-le-champ par une commission militaire tous les chefs qui tomberaient dans nos mains, et de séquestrer leurs biens. (Ordre de l'Empereur.)

De faire éprouver le même sort à ceux qui viendraient se joindre aux insurgés. (*)

De faire arrêter les familles des insurgés, et notamment de MM. Sapinaud, Suzannet, Le Bayreux, etc., etc., et *de les mettre au château de Saumur sans communication.*

De faire enlever des ôtages; plus vous enleverez d'ôtages, plus vous accelererez la pacification, me disait-on.

J'avais en même temps le pouvoir de *remplacer les sous-préfets*, les *maires*, les *commandans et officiers des Gardes Nationales*, les *directeurs des contributions*, les *agens de l'enregistrement*, les *officiers forestiers*, les *payeurs de département* etc. (Ordres des 29 mai, et 7 juin)

Approchez maintenant, vous qui osez accuser,

(N.*) M. Philidor Amidon fut arrêté par des paysans au moment où il entrait dans le pays insurgé, et conduit dans le fort d'Angers; il était porteur de proclamations de notes sur l'emplacement de nos troupes, sur leur force, etc. Son épouse accourut de Chatelleraut, elle me demanda de le voir, je m'y refusai; mais j'ajoutais : *Je suis contraint de paraître rigoureux, mais votre mari ne perdra pas la vie, je vous en donne ma parole d'honneur.* Je chargeai un aide-de-camp de confiance d'emporter ses papiers pour qu'on ne pût pas le juger pendant mon absence, et à la pacification, M. Philidor Amidon a été rendu à la liberté.

qui osez calomnier l'homme qui avait de pareils ordres et qui n'a pas fait une victime, l'homme qui était revêtu de toute cette autorité et qui n'en a pas usé envers un seul individu ! Chefs Vendéens qui vous trouvez placés au rang des vainqueurs, osez vous plaindre de celui à qui plusieurs de vous doivent la vie, et à qui vous devez tous la conservation de vos propriétés et du toît paternel sous lequel repose votre famille ! J'ai bravé pour être juste, humain et généreux, le pouvoir le plus despotique du monde, l'homme devant qui tout pliait. Quel eût été mon sort si le succès ne m'avait absous ? Je l'ignore, mais il n'eut jamais été plus dur que de se voir attaquer par ceux qui ont tant de raisons de nous défendre.

En arrivant à *Angers*, je crus que tout s'arrangerait sans combattre; j'y trouvai MM. de *Flavigni*, de *Malartic* et de la *Berrcdiere*, que S. E. le duc d'Otrante avait chargés d'une mission près de MM. les Généraux Vendéens ; ils se rendirent chez MM. *Dautichamp* et *Suzanet* : c'était au moment où M. de la *Roche Jaquelin*, qui s'était porté sur le bord de la mer pour y recevoir des armes, succombait en emportant l'estime de ceux qu'il avait combattu ; il partagea les regrets qu'inspirait à l'armée le maréchal-de-camp *Grosbon*, qui tomba sur le même champ de bataille, laissant sans appui une nombreuse famille.

MM. de Flavigni, de Malartic, et de la Berodière, revinrent *avec les bases de la pacification qui a été adoptée depuis*, je les autorisai à se rendre auprès de M. Daudigné qui, plus audacieux et plus entreprenant que les autres, menaçait les environs d'Angers; deux jours après, il partirent pour Paris, et un aide-de-camp du ministre m'apporta, le 9 juin, *une approbation pure et simple de tous les articles*. Je me hâtai de les envoyer à ceux qui les avaient proposés et demandés; mais de nouveaux événemens avaient amené de nouvelles résolutions, et je fus obligé de passer à la hâte *la Loire* pour aller joindre le Général *Travot*, qui luttait depuis longtemps, et toujours avec succès, contre des forces inégales.

Je ne veux pas décrire des marches et des événemens dont on doit désirer, comme de toutes les guerres civiles, que le temps efface le souvenir. La bataille de la Roche Cervière eût lieu; je fis de nouvelles propositions, et le 24 juin, M. *Duchaffaut* nous joignit à *Vallet*, près *Clisson*, il m'apportait une lettre du Général en chef de l'armée Vendéenne, ainsi conçue:

Tessonale, le 24 Juin 1815.

» Monsieur le Général,

» J'ai l'honneur de vous prévenir qu'au reçu » de votre lettre, j'ai réuni les généraux et les » officiers qui ont accepté en majorité les bases

« du traité dont vous m'avez donné connaissance.
» En conséquence je vous prie de vouloir bien
» me répondre de suite par l'officier qui accom-
» pagne votre courrier, afin de fixer le lieu des
» conférences et la manière dont on s'y réunira.

» J'ai l'honneur d'être, Général,

Votre, etc.

DE SAPINAUD,
Général en chef.

Je fis arrêter, à *Montfaucon*, la colonne que commandoit le genéral *Travot*, et la joie d'avoir contribué à mettre un terme à l'effusion du sang français inonda mon ame; cette joie était partagée par tous les habitans, ils accouraient sur la route, faisant retentir l'air de leurs cris. MM. *Duchaffaud*, *Duperrat* et *De Lavoyerie* vinrent régler, à *Cholet*, quelques articles additionnels, et M. Dautichamp, dont ces Messieurs ne savoient pas de nouvelles, y accéda le 28 juin.

Ainsi se termina cette guerre de la Vendée qui, comme je l'ai dit, *ne pouvait avoir aucune influence sur les destinées de la France qui se fixaient sur un plus grand théâtre*. Je crus m'y être concilié tous les esprits; la discipline sévère de mon armée, les preuves de modération que j'avais données, les témoignages d'estime et de bienveillance que je recevais, me confirmaient dans cette idée. Quelle a été ma surprise d'apprendre que quelques hommes qui voulaient sans doute justifier ma proscription, avaient eu l'infamie de répandre à Paris que *j'avais fait fusiller vingt-cinq prisonniers après la bataille de la Roche-Cervière* (N. C). Je devrais peut-être n'opposer que le silence du mépris à une accusation qui est si loin de mon caractère et si dépourvue de toute vraisemblance, que ceux qui l'ont inventée n'ont pas même pu concevoir l'espérance de l'accréditer un moment.

(N. *C*) Je me refuse à croire que des officiers vendéens aient eu la moindre part à cette calomnie. Serait-ce possible, lorsqu'après la pacification, lorsque du centre de la Vendée je recevais, le 3 juillet, un aussi glorieux témoignage d'estime :

Cholet, le 3 juillet 1815.

Mon général.

J'ai l'honneur de vous rendre compte que MM. de Sapinaud et de la Roche-Jaquelin ont député près de vous à Cholet (et où ils vous croient encore) MM. Duchesne et Duperrat, chargés de vous porter le vœu unanime de tous les chefs vendéens, de se réunir à vos troupes sous vos ordres, pour combattre, comme Français, toutes les tentatives des puissances étrangères qui auraient pour but le démembrement de la France.

Le maréchal de camp DELAAGE.

Signés, DUPERRAT, DUCHESNE.

Ils ignoraient donc ceux qui ont créé cette atroce calomnie, qu'un général en chef n'a aucun commandement immédiat ; que, *pour faire fusiller un seul homme*, il doit donner des ordres à un général de division, celui-ci à un général de brigade, qui les transmet à un colonel, qui doit commander un détachement, etc., etc.; ainsi toute une armée serait complice, ou témoin d'un tel crime. Or, qu'on interroge celle que j'ai eu l'honneur de commander, qu'on lise les attestations qu'une noble indignation a dicté aux braves qui ont combattu sous mes ordres, et qui, aux jours du malheur, m'ont environné de leur amour et de leur estime.

On n'a fait aucun prisonnier à la Roche-Cervière, et par la direction des colonnes qui ont marché de front, on ne pouvait ramasser que quelques blessés. Ces blessés, je les ai fait penser, et soigner, et transporter avec les miens. Tout le village de *Vieille-Vigne* en a été témoin, et le curé, vrai pasteur évangélique, est venu les visiter avec moi.

Je rougis de révéler des faits aussi simples, et de paraître leur donner de l'importance; qu'on me le pardonne, je suis accusé.

Me voici arrivé au moment où l'on apprit à *Nantes* que le Roi était remonté sur le trône de ses pères, et que l'ex-Empereur fuyait vers

Rochefort, abandonnant la France et ceux qu'il avait ou séduits ou trompés. Un arrêté de la commission militaire, daté du 5 juillet, m'avait déjà mis sous les ordres du prince d'Elkmulh. Les troupes étaient encore très-exaltées, surtout les régimens de la jeune garde ; quelques malveillans les excitaient encore, et je vis le moment où cette belle cité allait devenir le théâtre d'incalculables malheurs. Tous les habitans connaissent les efforts que j'y fis ; nuit et jour je courrais les cantonnemens, j'employai tour-à-tour la voie de la persuasion et les exemples d'une rigueur extrême ; enfin l'ordre fut maintenu, et nous quittâmes Nantes sans que le moindre accident eût lieu, sans que la plus petite altercation s'élevât.

Je dus en même-temps contenir et calmer des hommes étrangers à l'armée. Le général *Charpentier* à qui la douzième division doit tant de reconnaissance, a été le témoin des tentatives que l'on fit pour que les troupes sous mes ordres *se déclarassent pour Napoléon II, et pour qu'elles signassent une protestation contre le retour des Bourbons*. Je m'y refusai, je ne parlai que de la Patrie, que des malheurs qui pesaient sur notre belle France, que du joug de l'étranger, que du besoin de nous réunir tous autour d'une autorité tutélaire. Je me rappelle que, dès le second jour, au moment où, dans une isle de la Loire, je peignais aux troupes que j'avais rassemblées, le Roi voulant se faire porter sur le pont de *Jena*, pour empêcher les Prussiens de le faire sauter, des grenadiers du vingt-septième s'écrièrent : *Vive le Roi !* et je vis des larmes couler sur leurs joues couvertes de nobles cicatrices.

Vingt-deux départemens et plusieurs grandes villes se trouvaient sous mes ordres, et dans les vingt-deux départemens le changement de drapeau s'opéra sans qu'il en coûtât une goutte de sang; seul, je courus de grands dangers; des hommes intéressés au désordre avaient répandu le bruit que je *m'étais vendu au Roi*, et on voulait m'assassiner. Plusieurs complots se formèrent contre ma vie; le lieutenant-général *Ambert* m'en prévint, je les dédaignai; j'opposai mon caractère à des volontés désordonnées, je réprimai des projets insensés, et l'armée à qui je donnai l'exemple de la soumission, arbora la cocarde blanche. Je fis plus, au milieu d'une désertion presque générale, je parvins à la retenir presqu'entière sous ses drapeaux; je croyais qu'elle pouvait être encore utile au Roi et à la Patrie.

A mon arrivée à Tours, l'inquiétude était extrême, la moitié de la garnison méconnaissait les ordres qu'on avait reçus. J'atteste le Préfet et le Maire et les braves habitans de cette belle ville de la discipline prompte que j'établis, et du changement subit qui s'opéra dans les esprits.

Telles étaient mes occupations, tels étaient les devoirs que je remplissais, *lorsque je vis mon nom sur la liste du 24 juillet ;* elle donna de l'espoir à quelques hommes (voy. la note *D*); ils crurent que des généraux en chef, aimés de soldats encore mal affermis dans leur devoir, ne se laisseraient pas impunément proscrire, et que j'allais lever l'étendart de la révolte. Qu'ils me connaissent mal ! J'eusse mille fois préféré l'exil et la mort à donner le signal d'une guerre civile ; je me démis sur-le-champ de mon com-

---

(N. *D*) Plus je réfléchis sur cette liste du 24 juillet où mon nom se trouve à côté de trente-neuf personnes parmi lesquelles il y en a trente-trois qui me sont tout-à-fait inconnues, plus je suis convaincu que le motif secret de ceux qui ont trompé un ministre, était de m'amener à la révolte. On savait que l'armée m'avait donné de vives inquiétudes, qu'elle se trouvait au milieu d'une population divisée d'opinions, et que ces opinions étaient extrêmes. Si tel n'était pas le but qu'on voulait atteindre, pourquoi ces lettres anonymes que des personnages qui couraient la poste m'écrivirent, les 26 et 27, d'Orléans, de Blois, de Tours. Le lieutenant-général Hamelinaye à qui S. M. venait de confier le commandement de la vingt-deuxième division en lut quelques-unes ; mais elles ne purent ébranler un instant ma résolution.

mandement, et je m'abandonnai, sans hésitation et sans réserve, à l'autorité des ministres du Roi.

Tranquille avec le témoignage de ma conscience, satisfait du bien que j'ai fait, fier d'avoir pu empêcher le mal, j'attends avec calme la réparation de l'injustice que j'ai éprouvée. Les vertus éclatantes de notre Roi et la justice des deux chambres, m'en donnent à-la-fois l'espérance et la garantie.

Le Lieutenant-général

MAX. LAMARQUE.

Saint-Sever, le 20 novembre 1815.

DÉCLARATIONS

DE

L'ARMÉE.

Azai, le 7 août 1815.

MON GÉNÉRAL,

Connaissant la nature des inculpations dirigées contre vous, les officiers généraux, supérieurs et autres de ma division, s'empressent de vous adresser leur témoignage sur les procédés humains et généreux que vous avez montrés à l'égard de vos prisonniers à l'affaire de Roche-Cervière. Nous desirons tous qu'il puisse vous être de quelque utilité, et c'est avec la joie la plus vive que nous apprendrons que vous avez triomphé de la méchanceté de vos ennemis; j'attends de l'amitié que vous m'avez témoignée, mon général, que vous voudrez bien m'en informer.

Veuillez agréer, mon général, mon bien sincère dévouement.

Le lieutenant-général, *signé*, TRAVOT.

Pour copie conforme.

Le lieutenant-général.
MAX. LAMARQUE.

Les officiers-généraux soussignés, faisant partie de la première division de l'armée de la Loire, déclarent qu'aussitôt après l'affaire qui eut lieu à Roche-Cervière, le 20 juin dernier, M. le lieutenant-général Lamarque, commandant alors en chef l'armée, avait donné l'ordre que les blessés royalistes fussent conduits avec les mêmes précautions que les siens propres, à l'ambulance, qu'ils y ont reçu les mêmes soins; qu'il les fit transférer à Vieille-Vigne et delà à l'hôpital de Montaigu;

Que le même jour, arrivé à Vieille-Vigne, et étant à en reconnaître ses approches, un individu qui s'est déclaré chef et du nom de Lelasseux, embusqué dans une haie, lui avait tiré, à trois pas de distance un coup de carabine; qu'il s'était opposé à ce qu'il fut tué, et l'avait mis à la disposition du général Travot, à la vie duquel il avait déclaré avoir eu l'intention d'attenter, ce que ce même particulier, libre aujourd'hui, peut attester lui-même;

Que ce même jour, il avait été arrêté beaucoup d'autres hommes les armes à la main, et qu'il avait encouru les murmures de ses soldats, en les renvoyant chez eux.

Enfin, que ces témoignages qu'ils se plaisent à

rendre de l'humanité et de la générosité de leur ancien général, est un tribut de justice et l'expression de la vérité.

A Azay-le-Rideau, le 5 août 1815.

Le maréchal de camp commandant la deuxième brigade.

Signé, PREVOST.

Le lieutenant-général.

Signé, TRAVOT.

ROUNEL, Chef de bat. PAVY, Capit. VALLET, Capit. NICOLAS, Chef de bat. ZÉVOST, Chef de bat. BLIN, Adjud.-Major. MEUNIER, Capitaine. CAVALIER, Capit.-Adj. BOIHLEL, Capit. ROUX, Capit. MAILLARD, Capit. MESCHAUX, Capitaine. LEBAU, Cap. GARNIER, Lieut. FONTAINE, Sous-Lieut. MESSAGER, Chef de bat. FIGEAC, Capit. ALLEMAND, Lieut. MAILLOT, Capit. BRANCON.

Pour copie conforme.

Le lieutenant-général,
MAX. LAMARQUE.

ARMÉE DE LA LOIRE

CORPS DE GAUCHE.

DÉCLARATION.

Nous soussignés, officiers de l'état-major et de gendarmerie ayant fait toute la campagne de la Vendée, sous les ordres de M. le lieutenant-général Lamarque, commandant en chef;

Ayant appris que quelques personnes, sans se faire connaître, avaient eu l'infamie de dire et de répandre dans le public que le général Lamarque avait fait fusiller vingt-cinq prisonniers après l'affaire de la Roche-Cervière, et que le but était de le faire passer pour un homme sanguinaire;

Déclarons sur notre honneur, et certifions que n'ayant jamais quitté le général Lamarque dans cette campagne, et ayant été témoin de tous les événemens, et pris part à toutes les affaires de la Roche-Cervière et autres, il n'a jamais été à notre connaissance qu'un individu ait été fusillé à l'armée, ni par ordre du général Lamarque, ni par d'autres ordres; qu'on n'a point fait de prisonniers à la Roche-Cervière, et que par conséquent il n'y en a pas eu de fusillés;

Certifions en outre qu'il a été à la connaissance de toute l'armée, des habitans et du curé de Vieille-Vigne que le général fit transporter et soigner les blessés vendéens avec les nôtres, et qu'il fut lui-même les visiter à l'ambulance, en y faisant conduire des matelats.

Il fut également connu de tout le monde, que le même jour, à Vieille-Vigne, un Vendéen, armé d'une carabine rayée, de Versailles, aposté exprès derrière une haie, tira, à trois pas, sur le général et son aide-de-camp; c'étoit un assassinat; eh! bien, le général l'arracha des mains de l'escorte, il vit encore, il est libre. A Plusieurs époques des hommes armés, pris isolément les armes à la main et en flagrant délit, ayant été amenés au général, tels que le cousin du maréchal des logis des chasseurs de la Vendée et plusieurs autres, malgré les murmures des soldats, ont été mis en sauve garde, et renvoyés chez eux en liberté; enfin qu'on cite un homme fusillé, le lieu et l'époque; mais, la basse et honteuse calomnie n'en peut citer aucun. Jalouse de sa générosité et de son humanité, autant que de la supériorité de ses talens, elle tait avec raison les noms des imposteurs, et cache ses mensonges sous les voiles épais de la fausseté.

Mais la vérité doit triompher du mensonge, c'est l'espoir des braves gens, et c'est aussi dans ces sentimens que nous signons la présente déclaration, pour être soutenue partout où besoin sera.

Suivent les signatures.

Le Chevalier Bigex, Adjudant-Commandant, Officier de la Légion, Chef de l'État-Major général, F. Bresson, Capit.-Adj. Bally, Capit.-Adj. Macé, Capit.-Adj.

Les Officiers du détachement du douzième dragons d'escorte certifient les mêmes faits.

Pesme, Command. de l'escorte. Renichaud, Lieuten. Beaurepcar, Sous-Lieut.

Pour copie conforme.

Le Lieutenant général.
Max. LAMARQUE.

ARMÉE DE LA LOIRE.

2e. DIVISION DE L'AILE GAUCHE.

La deuxième division du corps d'armée du Général Lamarque déclare à la face du monde, que, dans la campagne contre les Vendéens, il n'est pas de jour qu'il n'ait été mis à l'ordre des troupes, quelque nouvelle recommandation, sur l'ordre déja donné en entrant en campagne, pour la plus exacte observation du respect à garder aux personnes et aux propriétés.

Atteste, en outre, que dans toutes les affaires qui ont eu lieu entre les troupes de la division et les Vendéens, M. le Général Lamarque a montre un tel empressement à soumettre les insurgés par les voies de la douceur, qu'il a souvent occasionné de violens murmures parmi les soldats, révoltés, avec juste raison, contre la mise en liberté des paysans pris les armes à la main, et au moment même où ils venaient de faire feu sur la troupe.

Notamment le soir du jour de la bataille de la Roche-Cervière, au village de Vieille-Vigne, où un Vendéen, armé d'une carabine rayée, de Versailles, et visiblement placé à dix pas de la route, ayant fait feu sur le Général Lamarque, entouré de son état-major, fut marqué de quelques coups de sabre, par l'officier de l'état-major que le coup avait atteint; mais pardonné et rendu ensuite à la liberté, au mécontentement de nous tous, par l'ordre exprès du Général Lamarque.

Ce seul trait connu et admiré dans toute la Vendée, par le plus ignorant des paysans, suffit assez pour prouver que la conduite du Général Lamarque, excite plus de bénédictions et de reconnaissance chez les hommes qu'il a combattu.

Au Quartier-général de Cambray, le 3 août 1815.

L'Adjud. command., chef de l'état-major.

Signé, BARON MATHIEU.

GIBASSIER, Capit. Aide-de-camp. EVRARD Capit. Adjud. maj. VOILARD, Chef de Bat. DUBACPENIL, Lieut. RIES, Capit. LETTELLIER, Lieut. GRAND, S. Lieut. DENAS, Lieut. ROYER, Lieut. GAUTHIER, S. Lieut. JOURDAIN, S. Lieut. CAMOIS, Capit. LATOUR, Capit. BLIN, Capit. TOURRET, S. Lieut. RURANGE, S. Lieut. LEFEVRE, S. Lieut. BARTHE, Lieut. BLANCHIER, Capit. DUPUIS, Lieut. PAMBAS, Lieut. PICHARD, Major au 47e. BOURDAL, S. Lieut.

Pour copie conforme.

Le Lieutenant-Général,
MAX. LAMARQUE.

Je soussigné Maréchal de camp, Baron Estève, commandant l'avant-garde de l'armée de la Loire, sous les ordres de M. le Lieutenant-Général Lamarque, commandant en chef; déclare sur mon âme et conscience, que c'est à tort qu'on l'accuse d'avoir fait fusiller vingt-cinq prisonniers, à l'affaire de la Roche-Cervière; je fus témoin moi-même de l'humanité et de l'empressement qu'il mit à faire enlever les blessés qu'on fit porter à Vieille-Vigne : le Général, en présence de tous les militaires, ordonna au curé du pays de leur faire porter des matelats, et leur fit donner les mêmes soins qu'aux nôtres, s'étant lui-même transporté à l'ambulance.

Je déclare de plus, qu'au bourg de Vieille-Vigne, un Vendéen, aposté exprès derrière une haie, avec une carabine rayée, de Versailles, tira, à trois pas du Général, sur lui et son aide-de-camp, et que le Général l'arracha lui-même des mains de l'escorte, pour empêcher qu'on ne lui fît aucun mal. Ce même individu vit encore et est libre.

J'ai vu prendre des hommes en flagrant délit et armés, le Général les faisait mettre sous sûre escorte et il les renvoyait dans leurs foyers. Je l'ai vu maintes et maintes fois donner de l'argent aux prisonniers en les renvoyant chez eux.

Voilà la conduite que j'ai vu tenir à M. le Lieutenant-Général Lamarque, tout le temps que j'ai eu l'honneur d'être sous ses ordres.

Je certifie la présente déclaration véritable,

Nantes, le 7 août, 1815.

Signé BARON ESTÈVE.

Les Officiers du deuxième bataillon du soixante-cinquième régiment, qui faisait partie de l'armée de M. le Lieutenant-Général Lamarque, certifient et attestent sur leur honneur, que le certificat de l'autre part, est conforme à la vérité.

CORVISIER, Capit. des grenad. DUTHEIL, Capit. RANVET, S.-Lieut. FOUR, Capit. JAMBON NARBONNE, Lieut. BOISSET, S.-Lieut. HERVEGNE, S.-Lieut. PAYEN, Capit. Adj.-major. PERRIER, Lieut. PATTER, S.-Lieut. BORIE, Capit. DUFRENET, Lieut. SAVORMAT, Capit. BOUVSIRS, Lieut. MATHEZE, Lieut.

Pour copie conforme.

Le Lieutenant-Général,
MAX. LAMARQUE.

ARMÉE DE LA LOIRE.

2e. DIVISION. AILE GAUCHE.

27e. RÉGIMENT D'INFANTERIE DE LIGNE.

Le ving-septième régiment de ligne, faisant partie de la première brigade de la deuxième division des corps d'armée du Général Max. Lamarque, déclare à la France entière, que pendant la campagne de la Vendée, il n'est pas de jour qu'il n'ait vu renouveler l'ordre de faire observer, en marche comme en station, la plus sévère discipline, et d'assurer le plus grand respect aux personnes et aux propriétés des habitans de la Vendée.

Atteste, en outre, que dans toutes les affaires qui ont eu lieu, contre les Vendéens, M. le Général Lamarque a expressément ordonné de lui faire conduire les prisonniers,, et que plusieurs de ces mêmes Vendéens, pris les armes à la main et au moment où ils venaient de faire feu contre la troupe, ayant été vus s'en retourner dans leurs foyers, par suite de la bienveillance du Général

Lamarque, ont souvent excité le murmure de la troupe.

Déclare, en outre, que le soir du jour de la bataille de la Roche - Cervière, au village de Vieille-Vigne, où le corps d'armée prit position, sans avoir aucuns Vendéens en présence, un homme assez bien vêtu, placé à quelques pas de la route, ayant fait feu sur le groupe d'officiers généraux et supérieurs qui accompagnaient le Général Lamarque, au moment où il visitait les postes autour du village; que ce même Vendéen, arrêté par l'escorte, allait être sabré, sans les ordres du Général Lamarque, qui à la connaissance de l'armée et de tout le pays, le rendit à la vie et à la liberté, malgré la déclaration du projet qu'il avait eu de tuer le Général Lamarque ou le Général Travot.

Le vingt-septième régiment se fait un devoir d'attester une action trop publiquement connue et admirée, pour ne pas être une preuve assez forte de la modération avec laquelle le Général Lamarque a traité les peuples de la *Vendée*.

Au Quartier - Général d'Azay sur Cher, le 6 Aout, 1815.

GARNIER, Adj.-maj. BERANGER, S.-Lieutenant. FONSSANES, Lieut. VIEMET, Lieut. ANCELIN. PASQUET, Lieut. CLEVIN, S.-Lieut. ROGER, Capit.

DICHÉ, Capit. BOYER, Capit. PONS. ROTURIER, Capit. GUERIN, Lieut. GAUTHIER, Capitaine. LAMBERT, Lieut. CHARDON, Adj. DOZIAN, Adj. LADOIREAU, Lieut. L'HOMME, Lieut. SEIN Chef de Bat. PICOT. ADOR, S.-Lieut. PAGAIER Sergent.

Pour copie conforme.

Le Lieutenant-Général.

MAX. LAMARQUE.

De l'Imprimerie de DOUBLET, rue Gît-le-cœur, n°. 7.

www.ingramcontent.com/pod-product-compliance
Ingram Content Group UK Ltd.
Pitfield, Milton Keynes, MK11 3LW, UK
UKHW020411220726
13923UKWH00004B/1868

9 782019 280734